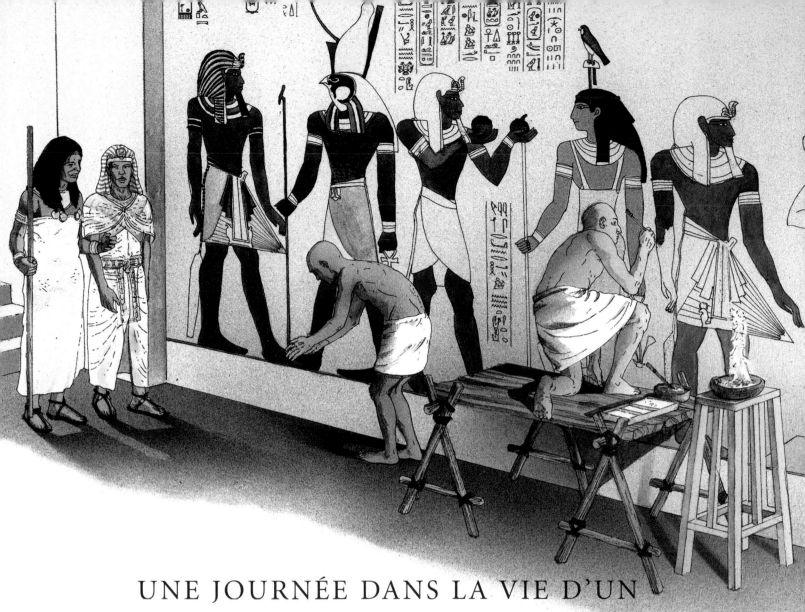

UNE JOURNÉE DANS LA VIE D'UN
PHARAON

Emma Helbrough

Illustré par Inklink, Firenze

Traduction de Claudine Azoulay

Les éditions
Héritage inc.

Texte de Emma Helbrough
Illustrations de Inklink, Firenze
Un livre conçu et produit par Emma Godfrey,
Emma Helbrough, Rachel Coombs, Nicholas Harris
et Sarah Hartley, Orpheus Books Ltd.

Traduction de Claudine Azoulay

Nous reconnaissons l'aide financière du gouvernement
du Canada, par l'entremise du Programme d'aide au
développement de l'industrie de l'édition (PADIÉ),
pour nos activités d'édition.

ISBN 978-2-7625-2896-1

Imprimé en Malaisie

TABLE DES MATIÈRES

À PROPOS DE CE LIVRE

Dans ce livre fascinant, tu vas suivre une journée très chargée dans la vie d'un pharaon de l'Égypte ancienne. Au fil de l'histoire, tu en apprendras davantage sur différents aspects de la vie d'un pharaon, dont ses obligations royales, son alimentation et ses loisirs.

LES OFFRANDES

Après avoir pris un petit-déjeuner rcomposé de pain et de fruits, Ramsèsse rend au temple de Karnak pour réveiller le dieu Amon-Rê qui demeure là. Aidé de deux prêtres, Ramsès accomplit le rituel quotidien: il lave la statue, lui présente de nouveaux habits ainsi que des offrandes de fruits frais, de fleurs de lotus sacré et de vin, puis s'inc1ne devant telle pour prier.

En tant que grand prêtre de l'Égypte, il est essentiel que Ramsès s'acquitte de cette tâche importante. S'il ne le faisait pas, il risquerait de provoquer la colère d'Amon-Rê, le roi des dieux, lequel pourrait amener le malheur sur l'Égypte.

Sagesse de pharaon
Combien de dieux environ les Égyptiens adoraient-ils?
a) Dix
b) Cent
c) Mille

Réponds aux questions, et vérifie tes réponses en page 31.

Voici le pharaon Ramsès. Il est le personnage principal de l'histoire.

L'HEURE COMME POINT DE REPÈRE

Dans le coin de chaque page, il y a une horloge pour que tu saches quelle heure il est dans l'histoire. Mais en réalité, les anciens Égyptiens n'utilisaient pas des horloges mécaniques comme celle-ci pour indiquer l'heure, puisqu'elles n'avaient pas encore été inventées.

Beaucoup de gens se servaient d'horloges à eau. Une horloge à eau est un bol rempli d'eau. L'eau s'écoule lentement par un trou percé près du fond du bol. Pour lire l'heure, on vérifie le niveau de l'eau par rapport à des marques inscrites sur la paroi intérieure du bol. Cependant, ces horloges à eau avaient un gros inconvénient: il fallait les remplir de nouveau chaque fois que l'eau s'était entièrement écoulée.

Ces illustrations montrent le fonctionnement d'une horloge à eau. À mesure que l'eau s'écoule, les marques indiquant l'heure apparaissent.

L'ÉGYPTE ANCIENNE

La civilisation de l'Égypte ancienne a commencé à prospérer sur les rives du Nil, en Afrique du Nord, il y a plus de 5000 ans. Elle a conservé sa puissance pendant plus de 3500 ans. Cette histoire se passe il y a environ 3300 ans, vers 1270 av. J.-C.

À cette époque, l'Égypte était une terre de contrastes. Les gens riches, y compris notre pharaon, vivaient une vie très confortable, et avaient des serviteurs et des esclaves qui s'occupaient d'eux. Ces riches mangeaient bien et habitaient dans d'immenses maisons. Cependant, la plupart des gens étaient de pauvres paysans. Ils travaillaient fort à cultiver la terre et à construire des temples et des tombeaux pour les riches. Un grand nombre d'édifices de l'Égypte ancienne sont toujours debout aujourd'hui. Les plus célèbres sont les pyramides, qui ont été bâties pour renfermer les dépouilles mortelles des premiers pharaons égyptiens.

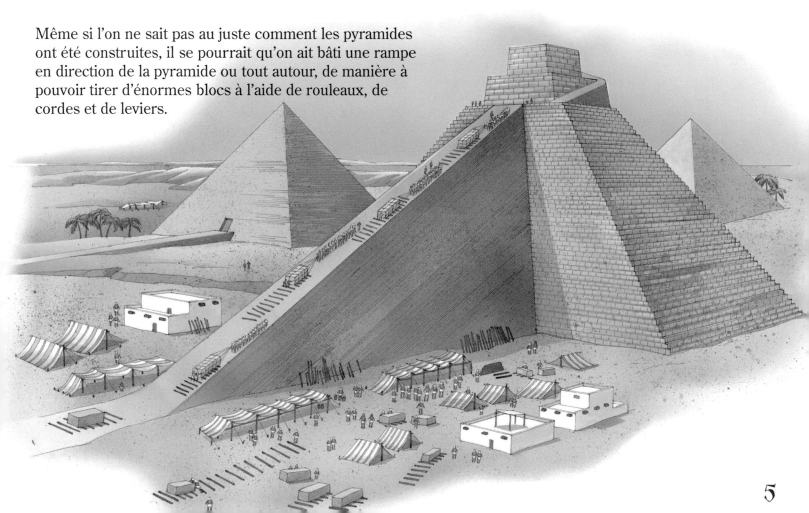

Même si l'on ne sait pas au juste comment les pyramides ont été construites, il se pourrait qu'on ait bâti une rampe en direction de la pyramide ou tout autour, de manière à pouvoir tirer d'énormes blocs à l'aide de rouleaux, de cordes et de leviers.

L'HABILLEMENT

Il est très tôt quand le pharaon Ramsès, roi de Haute et de Basse-Égypte, se réveille. Il appelle ses serviteurs qui doivent l'aider à faire sa toilette et à s'habiller. Il porte une coiffe en tissu rayé, appelée némès, en guise de symbole de sa royauté.

Un cobra doré posé sur son front représente la déesse Ouadjet, protectrice de l'Égypte. Les yeux du pharaon sont soulignés d'épais traits noirs, et il porte sur le menton une longue fausse barbe.

C'est le premier jour de la fête annuelle d'Opet et de nombreuses festivités se dérouleront dans toute l'Égypte. Avant d'y assister, toutefois, Ramsès doit s'acquitter de nombreuses obligations royales. Tout d'abord, il doit rencontrer le vizir, ou conseiller principal, qui l'informera des questions politiques importantes.

LES OFFRANDES

Après avoir pris un petit-déjeuner composé de pain et de fruits, Ramsès se rend au temple de Karnak pour réveiller le dieu Amon-Rê qui demeure là. Aidé de deux prêtres, Ramsès accomplit le rituel quotidien : il lave la statue, lui présente de nouveaux habits ainsi que des offrandes de fruits frais, de fleurs de lotus sacré et de vin, puis s'incline devant elle pour prier.

En tant que grand prêtre de l'Égypte, il est essentiel que Ramsès s'acquitte de cette tâche importante. S'il ne le faisait pas, il risquerait de provoquer la colère d'Amon-Rê, le roi des dieux, lequel pourrait amener le malheur sur l'Égypte.

Sagesse de pharaon

Combien de dieux environ les Égyptiens adoraient-ils ?

a) Dix
b) Cent
c) Mille

9

LA JUSTICE

Il est maintenant 10 heures du matin. Ramsès et son vizir sont assis dans le temple pour assister à un procès. Deux hommes prosternés devant lui implorent son pardon pour les délits qu'ils ont commis. Les scribes prennent des notes pendant que le vizir raconte comment les hommes ont été surpris en train de piller le tombeau d'un pharaon décédé. Ramsès est très en colère. Il ne comprend pas comment quiconque peut montrer si peu de respect envers les morts. Ce délit mérite vraiment une punition très sévère.

Réalité ou légende ?
Les anciens Égyptiens écrivaient en hiéroglyphes.

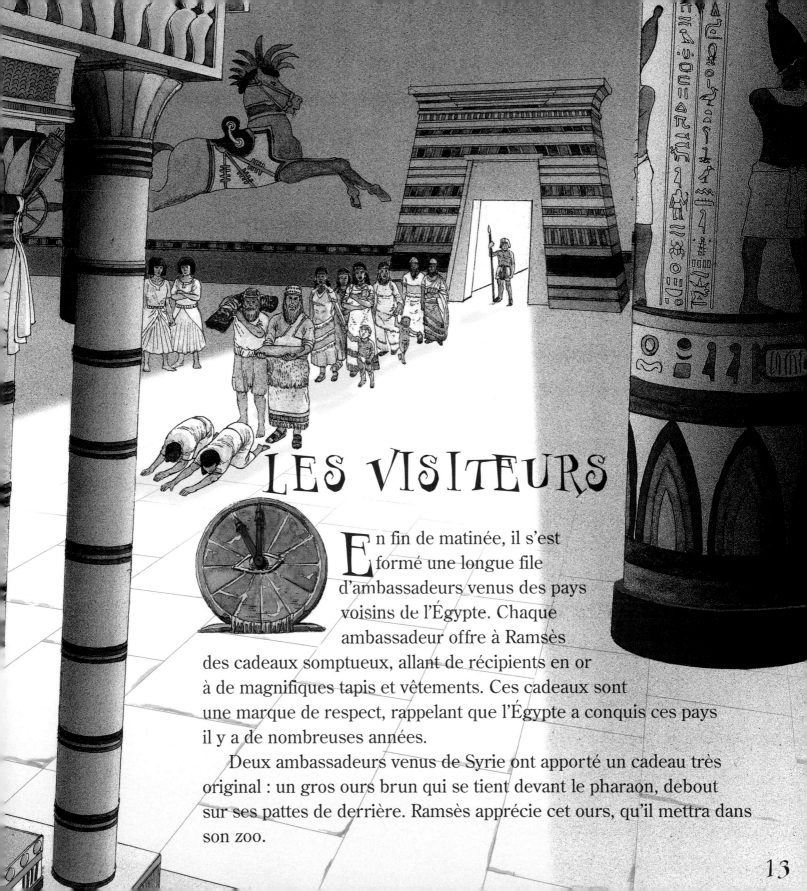

LES VISITEURS

En fin de matinée, il s'est formé une longue file d'ambassadeurs venus des pays voisins de l'Égypte. Chaque ambassadeur offre à Ramsès des cadeaux somptueux, allant de récipients en or à de magnifiques tapis et vêtements. Ces cadeaux sont une marque de respect, rappelant que l'Égypte a conquis ces pays il y a de nombreuses années.

Deux ambassadeurs venus de Syrie ont apporté un cadeau très original : un gros ours brun qui se tient devant le pharaon, debout sur ses pattes de derrière. Ramsès apprécie cet ours, qu'il mettra dans son zoo.

SORTIE EN BATEAU

Réalité ou légende ?

Les pharaons étaient momifiés parce qu'ils croyaient avoir besoin de leurs corps dans l'autre vie.

À 1 heure de l'après-midi, Ramsès quitte le temple, transporté sur un palanquin. Il se rend jusqu'aux rives du Nil, le fleuve qui traverse le centre de l'Égypte avant de se jeter dans la mer Méditerranée.

Comme toujours, il y a beaucoup d'activité sur le fleuve. De grands bateaux transportent d'immenses statues vers les temples des alentours, et des petits bateaux conduisent les gens à leur lieu de travail, puis les en ramènent. En Égypte, tout le monde se déplace en bateau, car c'est le moyen de transport le plus rapide et le plus pratique.

Ramsès et son entourage embarquent sur le bateau royal et se dirigent vers le tombeau du pharaon, qui est en cours de construction. Ramsès s'y rend régulière-ment pour constater l'avancement des travaux. Comme tous les autres pharaons, il veut que son tombeau soit parfait, puisqu'il y vivra pour l'éternité après sa mort.

SUR LE NIL

En chemin, le bateau longe des terres cultivées, situées en bordure du Nil. Ramsès observe les paysans occupés à faire la dernière récolte de la saison. Les rives vertes et riches seront bientôt inondées par la crue du fleuve.

16

Quand la crue se terminera et que l'eau se retirera, laissant la terre trempée et fertile, de nouvelles cultures seront plantées et le cycle recommencera.

Ramsès a un mouvement de recul en apercevant un crocodile qui passe par là. Tout le monde se tient bien à l'écart des crocodiles, car ceux-ci ne feraient de vous qu'une bouchée s'ils en avaient l'occasion!

Réalité ou légende?
Les pharaons étaient toujours enterrés à l'intérieur des pyramides.

LA CHASSE

La dernière partie du trajet vers le tombeau traverse le désert sec et poussiéreux. Cela donne la chance à Ramsès de pratiquer son sport favori: la chasse au lion. Rapides et féroces, les lions représentent un vrai défi, même pour un chasseur très habile comme le pharaon. Il ne tarde pas à tomber sur un couple d'animaux et la poursuite commence.

Le char roule avec fracas sur le sol rocailleux, en projetant du sable derrière lui. Les chiens de chasse du pharaon aboient fort alors qu'ils talonnent les lions. Un serviteur prend les rênes des chevaux tandis que Ramsès s'efforce de garder l'équilibre tout en visant avec son arc et sa flèche. Les lions courent vite et Ramsès pourrait n'avoir qu'une seule et unique chance de les atteindre...

UNE VISITE ROYALE

Vers 3 heures de l'après-midi, Ramsès arrive au village des ouvriers du tombeau. C'est ici que tous les artisans et les ouvriers vivent avec leurs familles. Cet endroit est très isolé du reste de l'Égypte, car personne ne voudrait habiter dans le désert aride. Tandis que le pharaon traverse les rues du village, porté sur un palanquin, les villageois sortent pour le saluer. Ils sont nombreux à s'incliner quand Ramsès passe devant eux. Tous lui vouent un immense respect puisqu'il est à la fois un souverain et un protecteur.

Sagesse de pharaon

Combien d'années environ fallait-il pour bâtir une pyramide?

a) Cinquante
b) Vingt
c) Cinq

Alors qu'il traverse le village, Ramsès jette un coup d'œil à l'intérieur des maisons des ouvriers. Elles n'ont absolument rien à voir avec son luxueux palais. Leurs fenêtres hautes et minuscules ne laissent pénétrer que peu de lumière, mais surtout, elles empêchent les chauds rayons du soleil d'entrer. Il remarque aussi les petits autels aménagés au fond de chaque maison, où son peuple prie les dieux tous les jours.

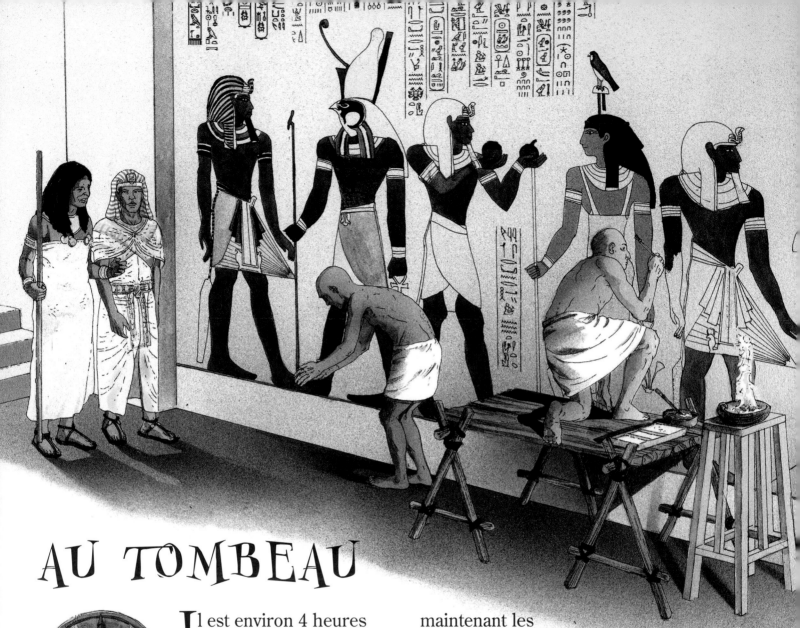

AU TOMBEAU

Il est environ 4 heures de l'après-midi quand Ramsès pénètre dans son futur tombeau, accompagné de son vizir. À l'intérieur, le pharaon a le plaisir de constater que les travaux avancent bien.

Des sculpteurs et des peintres décorent maintenant les murs à l'aide de dessins et de hiéroglyphes qui racontent des épisodes de la vie du pharaon. Éclairés par une simple torche, les sculpteurs gravent d'abord les dessins sur les murs du tombeau. Ensuite, les peintres donnent vie aux scènes en les colorant.

Un artiste est en train de broyer des minéraux naturels, extraits de la terre, pour en faire des peintures de différentes couleurs. Il mélange des tons chauds – des rouges, des jaunes et des orangés – et même des bleus et des verts éclatants. Les artistes emploient aussi beaucoup de peinture noire pour dessiner d'épais contours noirs. Pour cela, ils utilisent une peinture à base de charbon.

Pendant un bon moment, Ramsès regarde les artisans travailler, puis il décide qu'il est temps de repartir chez lui.

Sagesse de pharaon

Qu'enterrait-on en même temps qu'un pharaon?

a) Ses bijoux
b) Ses meubles
c) Ses animaux de compagnie

SPORT DE RIVIÈRE

En revenant vers la ville de Thèbes, Ramsès décide de chasser de nouveau. Cette fois-ci, il chasse du gibier d'eau, niché dans les roseaux qui poussent sur les rives du Nil.

Il glisse en silence sur l'eau dans un petit bateau fait de roseaux de papyrus et mené par un serviteur. Son chat domestique, assis à l'avant du bateau, regarde les oiseaux avec insistance et les incite à s'envoler.

Dès que les oiseaux s'envolent, Ramsès lance son bâton de jet en direction de l'un d'eux, qui tombe aussitôt dans l'eau. Le chat se lèche les babines alors qu'ils s'approchent pour récupérer l'oiseau mort.

La chute de l'oiseau a dérangé un hippopotame qui barbotait dans l'eau. En signe de colère, l'animal rejette la tête en arrière et leur montre les dents. Le serviteur de Ramsès pagaie énergiquement, car il sait qu'il est très imprudent de déranger un hippopotame!

25

LA FÊTE D'OPET

De retour à Thèbes, le soleil a commencé à se coucher quand Ramsès mène la procession de la fête d'Opet. On le porte dans une barque sacrée depuis les rives du Nil, puis le long des avenues bordées de sphinx, et jusqu'aux marches du temple de Karnak. Le pharaon est suivi par des acrobates, des chanteurs et des danseurs qui disséminent des pétales de fleurs.

Réalité ou légende?

Beaucoup de temples et de tombeaux sont restés enfouis sous le sable pendant des milliers d'années.

MOMENT DE DÉTENTE

Il est maintenant 8 heures du soir, et Ramsès est enfin revenu à son palais. La soirée est un des rares moments où il peut se détendre. Le pharaon joue à un jeu de plateau, appelé senet, avec son fils. Même si le soleil s'est couché, il fait encore très chaud et un serviteur agite un éventail au-dessus des deux hommes.

Tiy, le lion apprivoisé du pharaon, se promène librement dans la pièce et adresse un grognement à quiconque ose le regarder dans les yeux. Ramsès garde ce lion en tant que symbole de son immense pouvoir, ainsi que pour intimider ses ennemis.

Des artistes dansent et se balancent au son d'une harpe. Le harpiste chante une chanson populaire, qui dit aux gens de profiter au maximum de leur séjour sur la Terre car la vie n'est qu'un rêve. Ramsès s'efforce de se concentrer, mais la mélodie l'endort.
Après tout, la journée a été très chargée.

Sagesse de pharaon

Lequel de ces matériaux coûtait cher dans l'Égypte ancienne? Sais-tu pourquoi?

a) Le bois
b) Le verre
c) La poterie

(Indice : L'Égypte était en grande partie un désert.)

29

GLOSSAIRE

Voici la signification de certains mots employés dans ce livre.

ambassadeur   Personne qui se rend dans un autre pays en tant que représentante de son propre pays.

autel   Lieu devant lequel les gens adorent et prient un dieu.

char   Petit chariot tiré par des chevaux, souvent utilisé dans les sports et la guerre.

dieu   Être surnaturel, adoré par les humains.

fête d'Opet   Fête de l'Égypte ancienne, célébrée une fois par an.

hiéroglyphes   Forme d'écriture constituée de dessins.

momie   Corps conservé après la mort, puis enveloppé dans un linge.

offrande   Cadeau offert à un dieu en signe de respect.

papyrus   Roseau qui pousse sur les rives d'une rivière, avec lequel on peut fabriquer des feuilles pour écrire et des bateaux.

pharaon   Le roi, le grand prêtre et le chef d'État de l'Égypte ancienne.

prêtre   Homme religieux qui travaille dans un temple ou une église.

pyramide   Tombeau d'un pharaon, constitué de quatre faces triangulaires et inclinées.

scribe   Personne capable de lire et d'écrire dans l'ancienne Égypte.

senet   Jeu de plateau, populaire à l'époque de l'Égypte ancienne.

sphinx   Statue ayant la forme d'un lion à tête d'homme ou de bélier.

statue   Sculpture représentant un dieu, un humain ou un animal.

tombeau   Monument ou caveau souterrain dans lequel une personne est enterrée.

vizir   Ministre en chef de l'Égypte, qui avait pour responsabilité l'administration quotidienne du pays.

RÉPONSES

Page 7 – Réalité! Dans l'Égypte ancienne, la mode voulait que tout le monde se maquille. Toutefois, les gens ne se rendaient pas compte que les peintures à base de plomb qu'ils employaient étaient en fait toxiques...

Page 8 – c. Les anciens Égyptiens adoraient environ mille déesses et dieux différents, même si la popularité de certains et certaines d'entre eux n'était pas constante. Les Égyptiens construisaient des temples dans lesquels ces dieux demeuraient.

Page 10 – Réalité! Les hiéroglyphes étaient un système d'écriture constitué de dessins. La majorité des anciens Égyptiens ne savaient pas écrire, mais des gens spécialement formés, appelés des scribes, décoraient les murs des tombeaux et des temples à l'aide de hiéroglyphes.

Page 14 – Réalité! Selon les anciens Égyptiens, quand un pharaon mourait, il était censé continuer à vivre comme il le faisait sur Terre. Pour cette raison, les Égyptiens essayaient de conserver les corps des pharaons après leur mort. Ils les enduisaient d'huiles et les enveloppaient dans des bandelettes de lin.

Page 17 – Légende! Les premiers pharaons étaient enterrés dans des pyramides, mais celles-ci étaient souvent pillées parce qu'elles étaient faciles à trouver. Les derniers pharaons, comme celui de cette histoire, étaient enterrés dans des tombeaux souterrains cachés.

Page 21 – b. Il fallait en moyenne vingt ans pour bâtir une pyramide ou un tombeau. Dès qu'un nouveau pharaon montait sur le trône, il commençait les préparatifs destinés à la construction de son tombeau.

Page 23 – Tout cela! Les pharaons avaient tout un tas de biens terrestres enterrés en même temps qu'eux, des récipients en or aux meubles, en passant par des animaux de compagnie.

Page 27 – Réalité! Beaucoup de tombeaux égyptiens sont restés enfouis pendant des milliers d'années. Il pourrait y en avoir d'autres qui sont encore cachés.

Page 29 – a. Le bois coûtait très cher à l'époque de l'Égypte ancienne puisqu'il ne poussait quasiment aucun arbre dans le désert. Il fallait faire venir le bois de très loin et il était donc réservé aux riches.

INDEX

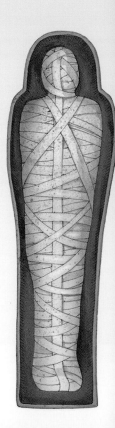

32